“ 먼저 천국 문 들어간 남동생 (고) 이항성 장로에게
이 시집을 바칩니다. ”

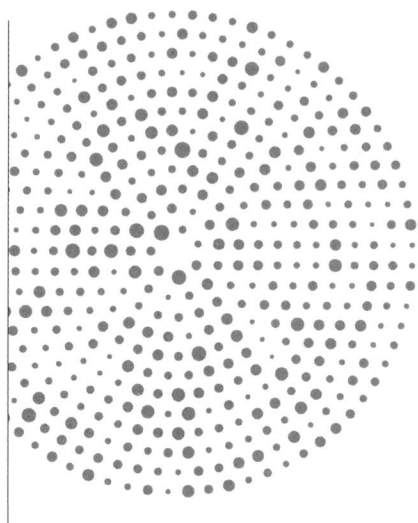

**초판 발행** 2024년 10월 21일
**지은이** 이자숙
**펴낸이** 안창현  **펴낸곳** 코드미디어
**북 디자인** Micky Ahn
**교정 교열** 민혜정
**등록** 2001년 3월 7일
**등록번호** 제 25100-2001-5호
**주소** 서울시 은평구 갈현로 318-1 1층
**전화** 02-6326-1402  **팩스** 02-388-1302
**전자우편** codmedia@codmedia.com

ISBN 979-11-93355-19-0  03810

**정가** 12,000원

이 책의 판권은 지은이와 코드미디어에 있습니다.
잘못 만들어진 책은 교환해드립니다.

**그래도 감사** | 이자숙 시집

이자숙 — **詩人의 말**

올해 여름은 유난히 더웠습니다.
해운대에서 에메랄드빛 바다를 내려다보며
2번째 시집을 정리했습니다
힘차게 밀려오다가 모래사장 앞에서
흔적 없이 부서지는 파도를 보면서
아직까지의 삶이 감사로
잠잠히 가슴에 스며듦을 느꼈습니다
모난 돌이 둥글게 되어가는
소중한 세월을 모아 시로 남기고 싶습니다.


2024년 가을
고은재(高恩齋)에서
이자숙

**차례**　　　　　　　　시인의 말 · 4

# 1부　　사랑이란

눈 _14

봄소식 _15

봄을 건너며 _16

봄비 _17

빈 둥지 _18

봄을 기다리며 _20

새해 꿈 _21

생명 _22

빈자리 _23

사랑이란 _24

삼총사 _25

5월의 기도 _26

사순절 _28

부활절 선물 _29

7월의 만경강 _30

가을의 끝자락 _32

# 2부   하늘도 울던 날

유년의 창 _36

익어가는 계절 _37

튤립 꽃으로 _38

품 안에서 _40

하늘도 울던 날 _41

화련 앞 바다 _42

호수공원 1 _43

호수공원 2 _44

하늘의 상급 _46

아쉬움 _48

인연도 선물인가 보다 _50

첫눈 오던 날 _52

제자리로 _54

우연 _55

오늘밤 따뜻한 손 잡고 _56

친구 _58

**차례**

# 3부 　　여름휴가

목련 _62

아버지 허리띠 _64

오송 지하차도 _66

오월의 충현 박물관 _67

여름휴가 1 _68

여름휴가 2 _69

여름휴가 3 _70

올가을에는 _71

신록의 6월 _72

동해 바다 _74

단풍 _75

무의도의 가을맞이 _76

몽블랑 만년필 _77

헤어컷 _78

바다 _79

## 4부   남겨진 시간

가시 _82

8월 _83

가을의 기도 _84

가을의 문턱에서 _86

가을이 오는 소리 _87

만남 _88

금전수 화분 _90

갈릴리 바다 _91

2022년 나들이 _92

춘천 문학기행 _93

새 시대의 빛으로 _94

계묘년을 보내며 _96

새 시대의 등대로 _98

로뎀나무 그늘 _100

소중한 시간들 _102

남겨진 시간 _104

**차례**

## 5부 그래도 감사

외할머니 | 감사 1 _108

고향 생각 | 감사 2 _110

침묵의 시간 | 감사 3 _111

바라보다 | 감사 4 _112

소명 | 감사 5 _113

그래도 감사 1 | 감사 6 _114

그래도 감사 2 | 감사 7 _115

인도자 | 감사 8 _116

긴 고난의 터널 | 감사 9 _117

기도의 끝이 보인다 | 감사 10 _118

선물 | 감사 11 _119

고백 | 감사 12 _120

아직까지 지내온 길 | 감사 13 _122

만날 그곳 | 감사 14 _123

안부 | 감사 15 _124

부르시는 날 | 감사 16 _125

옷차림 가벼워지면
지난해 남겨진 삶의 흔적들
그리움과 미움의 씨줄과 날줄이
하나씩 희미하게 잊혀 가고

-「사순절」중에서

1부
## 사랑이란

## 눈

   비가 올 줄 알았는데 눈이 내린다 내리는 둥 마는 둥 하더니 제대로 펑펑 내린다 우중충한 겨울비보다 엷게 흩날리는 눈발을 차창 안에서 바라보니 마음이 후련하다 근 한 달여 쌓였던 먼지를 털어내는 기분이다 이내 눈발은 멈추고 차창의 물기도 윈도우 브러시 몇 차례 움직임으로 깨끗하게 맑아졌다 말로 한 약속이긴 하지만 물거품처럼 지워버린 언어의 먼지들을 씻어 내려고 잠시 눈발이 시원스레 내렸나 보다.

## 봄소식

마른 가지에도 생명 있음을 알아차리지 못하고
하마터면 버릴 뻔했는데 키 작은 가지 끝부터
연둣빛 아기 손톱 내밀고 있다

키 큰 줄기 끝에 녹색 물방울 서려있다

한창 때처럼 우아한 잎사귀들
눈을 즐겁게 해주겠지

메마른 가지에도
그때쯤 봄 소식 오려나 기다려진다.

## 봄을 건너며

창문 열면
더운 열기 밀려들고
그대를 떠나보낸 아쉬움이
축복으로 돌아온다

한파 속에서도
훈풍 속에 얼굴 내밀 꽃들을 그리며
봄의 향연을 기다렸던 시간들

올봄은 팬데믹으로 숨죽였던
나들이 행렬이 이어지고
덩달아 바깥세상 구경도 하였다

그대는 기다림만큼이나
큰 선물 안겨주었다
성큼 다가온 여름을
넉넉히 보낼 것만 같다.

## 봄비

 오늘처럼 한 추위 속 한 자락 봄기운 얼굴 내민 날, 창밖에는 보슬비 내리고 '사는 동안 좋은 친구 되어 주어서 고마웠다'는 호스피스 병원에서 걸려온 차분한 목소리, 한동안 가슴 멍했다 그해 늦가을 그가 호스트 되어 대접하고는 암 말기가 임박함을 알렸다 커피 대접까지 받고 나서야 이 땅에서 마지막 만남의 시간임을 예감했다 이렇게 의식이 또렷한데 하늘의 부름 받아야 하는지 원망스러웠다 갑자기 말문이 막혔다 그는 '너는 오래 오래 살다가 천국에서 만나자'고 했다 우리 둘이 못 나눈 이야기 나누고 산책도 하자고, 천국에도 카페가 있을까라는 여유 있는 말들, 네가 사준 브라질 커피 맛 정말 좋았다는 한마디 말 했을 뿐, 지금 창밖에는 그날처럼 봄비가 소리 없이 내리고 있다.

# 빈 둥지

밤사이 약속이나 한 듯 만발하였다
햇볕 들면 눈물 흘리는 눈꽃들
떠날 채비를 하는 것이다

나무 위 까치집은 두 손 받쳐 든 어미의 모습
얽힌 문틈으로 폭설 내려다보며
아래층 분가한 가족 안부 살핀다
군데군데 이웃들이 피곤한 날개를 포개며
밀린 이야기 소곤소곤 나눈다

날이 밝아 힘겨운 날갯짓으로 먹이 사냥 나선다
깃털과 눈과 부리가 낡아가는 둥지

발톱에 움켜쥔 먹이
둥지 향해 내미는 생명의 힘

아스팔트 위에 떨어진 부스러기들
건축 자재로 쓸 것들이
눈 속에 소리 없이 묻힌다.

새들은 살아간다
둥지에서 혼자가 될
텅 빈 둥지에서.

## 봄을 기다리며

설 명절이 닷새 앞으로 다가오고
어제는 패딩 코트 대신 모직 코트
오늘은 두툼한 패딩 코트
봄은 쉬엄쉬엄 오고 있나 보다

한파를 막아준 모자도 벗으려고
오랜만에 미용실에 들러 머리 손질하며
화사하게 봄 맞을 준비한다
눈발이 시야를 가리지만 온기를 전한다

지난해 예기치 못한 폭우와 폭설로
군데군데 깊게 파인 마음 밭
기름진 흙으로 메꾸어 놓아
쉼터 만들어 줄 겨자씨 한 알 심는다

마음 밭을 가꾸며 봄을 기다린다.

## 새해 꿈

계묘년 새해 첫날 절로 힘이 솟는다 삶의 언저리만 어루만지며 살아왔는데 이대로 살아갈 것인지 헤아려 본다 아름다운 변화를 꿈꾸어 본다 수취인 없이 소원이 담긴 신년 카드를 보냈다 다음날 작지만 힘찬 목소리가 귀에 들려왔다 이십여 년 전 꿈에서 스쳐 지나간 집채만 한 물고기를 다시 만나게 해준다는 뜻밖의 속삭임이었다 이번엔 놓치지 말고 꼭 잡아서 맘껏 요리할 수 있을 것 같다 크고 튼실한 그물을 준비해 대어大漁를 맞으러 그 강으로 간다.

## 생명

암세포와 싸우는 힘겨운 삶 속에서
새 생명을 받아들이고
항암 치료를 중단하였다

생명의 신비로 전율하며
아기의 태동을 힘입어
고통의 시간을 견디어

순산의 기쁨 맛본 순간은 잠시
목을 가누지 못하는 아기
엄마의 눈물 기도로 이어졌다

목을 가누지 못하는
돌배기 아기를 두고
엄마는 하늘의 별이 되었다

아기를 위한 기도의 줄이
하늘에서 땅끝까지 이어진다.

## 빈자리

50년 가까이 가꾸어 온 정원에
어둠 내린 빈자리 있는 걸
지난겨울쯤에야 알았네

한파 이긴 앙상한 가지들
계절 따라 옷 갈아입고
꽃들도 환한 미소로 맞아주네

올봄 전나무 두 그루 심어 놓으며
정결한 푸른 꿈으로
따뜻한 불씨 품으리

마음속 빈자리에도
은은한 사랑으로 채워야지

## 사랑이란

침묵의 시간이
10년이 흘렀다 해도
묵묵히 기다리는 것이 사랑입니다

새벽녘 텔레파시 통해서
아픈 신음소리 감지되면
이른 아침 기도 드립니다

주고 싶은 것 주지 못하고
받고 싶은 것 받지 못해도
살아 숨 쉬고 있다는 것으로
감사할 수 있습니다.

## 삼총사

  지난해 3호선 대화역 경로석 옆자리에 앉은 그녀와 눈인사 나누다 보니 같은 아파트 뒷동에 사는 이웃, 편안한 모습 그대로 대화 통함을 느낄 수 있는 한 살 연상, 새 아파트에 입주해서 처음 만나는 인연이다 산책길에서 우연히 만나면 단지 내 카페에서 지나간 세월 공유한다 카톡으로 메시지 교환하며 정을 쌓아간다 늦은 만남은 세월을 단축하나 보다, 남편이 노년에 이웃에서 만난 세 친구, 가까이 산다는 점 지적 수준이 맞고 삶의 여유도 있어 든든한 버팀목으로 지내는 모습 보기 좋고 부러워서 삼총사라 불러주었다, 나에게도 멀리 살고 있지만 문자 대신 보이스톡으로 목소리 들려주는 진솔한 친구가 있다 자주 볼 수 있는 이웃 친구, 얼굴 볼 날 기다리며 목소리로 가슴 나누는 친구 있어 나의 노년 삼총사도 준비 완료 상태다.

## 5월의 기도

긴 겨울 동안
당신이 감싸안은 품 안에서
생명 지키고 키우며
한파 이겨내고

당신과 함께한 고난의 시간 거쳐
부활의 기쁨 누리며
새봄을 선물 받았다

산수유 만개하자 목련 얼굴 내밀고
개나리 환한 미소 머금고
잠에서 덜 깬 철쭉도 붉은 옷 차려입자
하얀 철쭉도 고개 드네

당신이 무상으로 베푸시는 황홀한 선물

당신의 품으로 부름 받은 이들이
하나둘씩 늘어만 가는 계절 앞에서
오월을

몇 번 더 맞을 수 있을지

내게 주신 소명
이룰 때까지만
사랑의 손길로 기다려 주소서.

# 사순절

해마다 반복되는 영적 절기
혹한이 동장군 몰고 오면
지구촌은 마음마저 열지 못한 채
얼음장 밑에서 불순물 정화하며
한 생명 새롭게 거듭나 소명 감당하기 위해
고난의 터널 통과하면서 겨울을 견딘다

움츠렸던 가슴 펴지고 옷차림 가벼워지면
지난해 남겨진 삶의 흔적들
그리움과 미움의 씨줄과 날줄이
하나씩 희미하게 잊혀 가고

새로운 시작을 위한 내 안의 소용돌이
조금은 더 깊고 폭 넓은 영적 성숙 통해
그분 닮아 가는 모습 되려고

사순절 잠잠히 보내면서
거듭남의 나이테 한 줄씩 늘어나
그분이 내 이름 부르시고
두 손 잡아 반겨 주실 그날.

## 부활절 선물

며칠 전 기분 나쁜 꿈을 꾸었다 옷장 문을 열었더니 낯선 중년 여자가 앉아 있었다 그림 같기도 하고 실제 사람 같기도 했다 눈깜짝할 사이에 중후한 한복 차림으로 장롱 앞에 서 있었다 무섭기도 하고 기분이 나빴다 있는 힘을 다해서 "사탄아 물러가라"고 열 번도 넘게 소리쳤다 꼼짝도 안 하고 그대로 서 있었다 누군가의 도움이 절실히 필요했다 순간 내 방문 앞에 저고리도 미처 입지 못한 채 치마 차림으로 돌아가신 외할머니가 엄한 얼굴로 서 계셨다 그 여자가 감쪽같이 사라졌다 60년 만에 그리운 외할머니 모습을 단번에 알아보았다 할머니 환갑 때 내가 태어나서인지 유난한 사랑 듬뿍 받았었다 그날 아침 부활주일 예배드리러 가는 발걸음이 날아갈 듯했다 무서운 꿈이 아니고 반가운 꿈이었다.

# 7월의 만경강

광활한 호남평야 한가운데
만경강 실개천이 하염없이 흐르고
갈대숲 강둑 따라 춤춘다

백제의 유적 미륵사 탑 평원 위에 우뚝 서
강물에 지난 세월 실어 보냈는지
흥망성쇠에 초연하다

강변 벚꽃 길 반겨줄 이 기다리며
외로운 행렬 끝없이 이어지고
꽃잎 강물 곱게 수놓았으리

언덕 위 한 세기 지난 정미소
거미줄 대신 예술가 혼이 담긴 전시관으로
고대와 현대의 조화 시선 압도한다

단가 시인 손호연 전신 초상 치맛자락조차
강물 따라 초월한다

벽면에 100여 년 전 실존 인물 초상화
그 중 '여자도 사람이다' 외친 신여성 나혜석
조개 머리 한 채 강물에 한恨 실어 보냈는지
만경강은 시대의 희로애락 묵묵히 품고
무더위 속 시원한 강바람 보내준다.

## 가을의 끝자락

　사랑과 섬김 실천하라는 그분의 예정된 시간 모가 난 조약돌 둥근 돌 되기는 모자란 연륜 친구들과 마주한 시선은 봄볕 뒷모습은 가을 짊어지고 마음은 16세 소녀다 온갖 시름 짊어지고 넘던 고개 막막한 사막, 오아시스 나타나 목 적시지만 어느덧 70 고개 맘먹기 나름인 인생길 익어가는 가을의 끝에 서 있다 기다렸던 계절 앞에 홀가분한 마음 사방이 온통 갈색, 한강 넘어 저녁노을 현란한 채색옷으로 단장했네 오래 머물 것 같던 황홀한 장관 강 너머로 숨어버리면 편안한 차림으로 나만의 숲속 길 걷자 눈에 익은 쉼터 마주치면 익숙한 자리에 앉아 이 시간을 기다렸다 지금이 그때, 가을의 끝자락 붙잡고 놓아 주지 않으련다 이 계절에 오래 머물기를 기도한다.

너를 닮아서인지 시선 머문다
아직도 너를 잊기 위한
연습 중인가 보다.

-「아쉬움」중에서

## 2부
## 하늘도 울던 날

### 유년의 창

무지갯빛 물방울로 아롱진
꿈속의 숲길처럼 황홀하다

그 시절 거울 꺼내보면
백합꽃 같은 얼굴들 어른거린다

지척에 두고도 멀게만 느껴진
유년의 추억 알알이 새겨진 어릴 적 살던
개나리 언덕 위 하얀 집

옛길 더듬어 걷다 보면
흔적 사라짐에 가슴 멍하고

보이지 않는 길은
낯선 길 위에서 포기하고
남겨진 언어들로
유년의 창가를 장식한다.

# 익어가는 계절

열기 없음에도 따스함으로
현란하지만 차분한 빛깔로
온몸이 물들어 가고

반에 반쪽 남아 있는 레드향
맛과 향기 오래도록 음미하며
가을의 끝자락에 걸터앉아
저녁노을 맞이한다

모순덩어리 인간의 굴레 벗어 버리고
모서리 깎인 둥근 돌 되어
찬바람 몰아치는 겨울 맞을 채비
가슴에 품고 준비하리라

지난 일 차곡차곡 모아 강물에 흘려보내고
노을빛 레드향처럼
따뜻하고 향기 나게
전진하는 겨울을 보내리.

## 튤립 꽃으로

기다릴 이유 없음에도
기억의 메모리 빼놓아 버려도
그리움의 물줄기는 쉼 없이 흐르고

지난해 여름 지하철
마주한 경로석 너를 꼭 빼닮은 모습
3호선 타면 연신내에서 오르는 사람들
유심히 보게 된다

붉은 떡고물 같은 세도나* 절경을 함께 여행한 기억
피닉스의 거대한 선인장 숲을 지나
네가 사랑하는 튜산 영락교회로
새벽기도 가던 차 속에서 나눈 대화들

가슴속에 앨범 한 권 담아 둔다
오리 주머니 멜빵 바지 입은 다섯 살 때 모습
보조개 파인 귀여운 웃음꽃

그곳에서 만나기 전에는

튤립 꽃으로 봄이면 찾아와 주렴

올봄은 너를 맞을 준비로 가슴 설렌다.

---
* 세도나(Sedona) : 미국 애리조나주에 있는 관광 명소. 도시 대부분이 붉은 사암으로 이루어져 있다.

## 품 안에서

원 밖으로 끌리는 마음
제자리로 이끌어
태연한 척 일상을 누린다

사순절을 보내며
겹겹이 싸매둔 보석
한 꺼풀씩 벗겨보니
그분의 완전한 사랑이었네

무채색의 모습으로
십자가를 향해 걸어간다
겪으신 고난으로 인하여
봄날도 숨죽인다

내려주신 은총 흡족함 깨달아
아침이슬 같은 순결함으로
유년의 창가로 다가가
기다림의 손을 내민다.

## 하늘도 울던 날

　서울 공항 밤하늘에 일곱 명의 영웅 유골 모신 여객기 장마로 축축해진 지상에 착륙하던 날, 정전停戰 70주년 행사 하루 전날이었다 총성 멎은 지 70년 한반도의 자유와 번영의 초석 되어준 수많은 희생 있었기에 평화 누릴 수 있었고, 조카 품에 안기어 가장 먼저 트랩을 내려온 최임락 일병은 유일하게 신원 확인되어 동생과 감격의 해후 나누고, 한 해 먼저 전사한 형과는 고향 울산 항공 선회할 때 영혼의 만남 이루어졌으리, 숨질 순간까지 애타게 그리워한 가족과 고향 산천, 19살 꽃다운 나이에 최악의 격전지 장진호 전투에서 전사한 후 카투사 신분 때문에 고향 땅 지척에 두고 73년 만에 태평양 건너 1만 오천여 킬로 비행하여 돌아왔네, 얼마나 그리웠기에 하늘도 차마 눈물 떨구지 못한 채 잔뜩 머금고 있다.

## 화련 앞 바다

　대륙의 풍상 묵묵히 지켜본 바위들 요동칠 때마다 백사장 밀고 올라와 바위에 능숙한 솜씨로 조각칼도 없이 형형색색의 모습들로 진열해 놓고는 보는 이들이 쉽게 알아차리고 이름 붙여 주기를 기다리는 마음, 파도에 밀려 한 짝 남은 일본식 슬리퍼, 긴 목 바다 향해 잃어버린 한 짝 찾으려는데 그마저도 바위에 붙어 화석 된 지 오래다 품위 지닌 모습 여전한데 신발 못 신어 모래 속에 맨발 숨겼나 보다 화련 앞바다는 청록빛으로 대륙의 한을 품고, 이곳까지 밀려온 여왕은 머리만은 단정하게 치장한 채 부끄러운 듯 모래 속에 다리 묻고 서 있다 바다는 햇살 받아 여전히 청록색으로 대륙을 품고, 수평선 너머에서 그리운 임 노 저으며 빛나는 구두 한 켤레. 품고 돌아오기를 기다리는가.

## 호수공원 1

메타세쿼이아 나무 위 까치집
비바람 부는 날도 견디어 온 둥지
언덕 아래 호수공원 분수대 고래 등처럼 물 뿜어내고

장바구니만 한 까치집들 초고층 높이로
여린 가지 사이에 터를 잡았네

맨션을 몇 채씩 지어놓고 그들은 어디로 떠난 걸까

가던 길 멈추고 올려다보지만
삼천 원짜리 점심 먹기 위해
노인복지관 앞의 줄은 점점 길어만 가고

애완견 데리고 산책하는 발걸음도
나뭇가지에 걸려있는 이른 봄의 시작이다.

## 호수공원 2

호수 건너편 연분홍 안개 자욱하다
팔각정 올라가 내려다보니
벚꽃나무들 약속이나 한 듯 함박웃음 머금고

메타세쿼이아 가로수길 맨발로 걷는 산책객들
4월의 훈풍 발 감싸며 흙 내음 즐긴다
휠체어에 앉은 이나 미는 이도
벚꽃처럼 환한 미소 번진다

가로수길 앞 소나무 숲에서
아기 까치들 먹이사냥 연습하는지
모였다 흩어졌다 반복하며 지저귀고
애완견들 줄을 맘껏 늘인 채 잔디 위에 뒹군다

호수는 은빛 새틸구름처럼 반짝인다
지난해 쌓인 묵은 찌꺼기 걷어내고
정화선淨化船 파라솔 쓰고 졸고 있다

올해도 고난 주간 보내며
가슴속 쌓인 침전물 걷어내고
기쁨으로 부활의 아침 맞이한다.

## 하늘의 상급

새해 첫날의 기도는
선으로 악을 이기게 하시고
보이지 않는 곳에서라도
빛과 소금의 소명 다하게 하소서

지난해에 알게 모르게 지은 죄를
단호히 끊을 수 있는
용기와 결단력을 주시옵소서

새로운 희열을 준다 할지라도
누군가의 아픔의 도화선 된다면
물러서는 선한 분별력 내려주소서

순백의 백합꽃인 줄 알고
손 내밀어 화답해 주었는데
향기 아닌 악취가 새어 나올 땐
주저 말고 창문 열어 환기하게 하소서

이 땅에서 받는 빛나는 것들에

눈 어두워지지 않게 하소서

새해에는
주님 기뻐하시는 삶을 살기 위해
작은 일에 충성하고 감사를 누리며
부르시는 날을 준비하게 하소서.

## 아쉬움

너를 놓아 버린다
너를 놓아 버리고
너의 모든 것
기억나는 낱말 하나까지도
지우개로 말끔히 지우고 싶다

여운을 남긴 첫 만남
둘만의 자리 피했지만
여전히 울림 있는 메아리
잊힐 만하면 이어지고

넘지 못할 울타리 안에서
목소리만 주고받는 너와 나
더 넓은 자유 얻으려
잊기 위한 연습 한다

젖을 떼는 어미 소처럼

오늘도 지하철에 마주 앉은 이

너를 닮아서인지 시선 머문다
아직도 너를 잊기 위한
연습 중인가 보다.

## 인연도 선물인가 보다


호수문학회 강좌에서 옆자리에 앉았던 그분
대화 나누다 보니 대학 선배
교단생활 마무리하시고 배우는 자리로 돌아와
꿈을 펼치셨던 분

해마다 연말이면 동문 문인회 출판기념회에서 만나
철학으로 농축된 글쓰기를 강조했던 분
고난의 터널을 지난 성숙한 언어로 점철된
단편 소설 같은 본인의 수필집 두 권 받았다

오피스텔을 집필실 삼아 두문불출하시며
창작에 몰두하신다는 집념
날마다 남편이 격려차 길어다 준 샘물로
목을 축이며 돌아가는 뒷모습에 눈시울 붉어진다는

한동안 그분 모습 보이지 않아 연락드려도
핸드폰조차 불통인데
코로나로 모임이 없어지고
책장에 꽂힌 박상혜 수필집 두 권이 인연의 끈이 되어

지난달 선배의 별세를 알리는 소식이
외아들 통해 알려지고
뇌출혈로 9년간 아들의 극진한 간병으로

아들과 통화 이루어져 추석 연휴에
유작 두 권 가지고 만남을 약속했다
선배님! 천국에서 만나요.

### 첫눈 오던 날

그리던 고향 하늘에서
어릴 적 친구들과 첫눈을 맞이했다
앞으로는 자주 만나는 행운이 오려나 보다

눈발 속에서 미령이가 걸어온다
초등학교 때 헝겊 책가방 들고 다니던
걸음걸이로 눈발 속으로 다가오고 있다
나이 듦은 걷는 모습으로 알아차린다

한 상 가득 차려진 점심 나누고
연극 무대 같은 찻집에서 커피 맛 즐기며
70년 가까이 묵은 이야기 단맛으로 버무린다

헤어져 돌아가는 길은 각자의 인생길인가
수원역에 오랜만에 들어서니 낯설기만 하다
배웅하는 이도 맞아 줄 이도 없지만 정겹다

중절모 새로 장만해 쓰신 아버지를
마중 나갔던 일이 떠오른다

초라한 역사가 환해 보였었다
그날도 첫눈이 내렸다.

## 제자리로

잔잔한 호수에 너와 내가 차례로
조약돌 던져 고운 파문 즐기다가
흔적 지워지는 허무함에
돌아서 침묵으로 시간 보낸 후

끊임없이 흘려보내고
쉴 틈 없이 받아들이는
갈릴리 바다 기억하며
제자리로 돌아가
가슴속 생수 흘러넘친
그 어부들처럼
사람 낚는 소명 꿈꾼다.

## 우연

 지하철 경로석 마주한 자리에 네가 비스듬히 앉아 있다 얼굴 모습 체격 헤어스타일 옷차림 너를 닮았다 우리 곁을 떠난 지 근 3년 이따금 무척 보고 싶어 오늘 마주한 사람이 너일 수 없다는 걸 알지만 그 사람 내릴 때까지 찬찬히 바라보면서 흠뻑 젖어 들었다 고맙다는 마음의 인사를 했다 지난해 늦가을 너의 20대 모습을 꿈속에서 보았다 밝은 모습으로 또래들과 어울려 있었다 오늘 만났던 너의 모습을 닮은 이를 만나 눈시울이 붉어졌다 그리운 동생 항아! 천국에서 만나자.

### 오늘밤 따뜻한 손 잡고

빛이 임재하는 곳마다
성탄 전야의 전나무는
작은 베들레헴 되어
찬란한 큰 별 하나 반짝인다

진정으로 오늘 밤
내 모습 이대로
두 손 모아 촛불 들고
아기 예수 탄생 송축한다

주님 속죄양 되심으로
저 천성 바라볼 수 있고
세상이 우리를 외면할 때
부를 수 있는 아버지

오늘 밤 가난한 마음으로
말구유에서 탄생하신
주님의 낮아지심 본받아

저마다의 심령에 촛불 밝히자


북녘의 녹슨 철조망 거둬지고
허기진 배 채워 줄 사랑의 나눔과
시린 잔등 덮어줄
눈꽃 같은 목화솜 이불
꾸미어 보자


오늘 밤 따뜻한 손 잡고.

## 친구

　오래 묵은 장맛이 일품이다 시간이 맛을 내주는 건 아니다 콩의 질도 우수해야 하고 메주가 숙성되는 과정도 온도와 소금의 비율과 만드는 사람의 손맛과 정성이 곁들여 주어야 한다 오랜 친구가 스스럼없어 편안하지만 나이 들수록 따뜻한 배려와 순수함이 묻어나는 사람에게 정감이 간다 나이 들어 만났지만 질 좋은 콩처럼 영근 인성에 끌리기도 한다 오랜만에 만난 친구의 반가움의 표현, 그의 됨됨이를 헤아려 보기도 한다 지난 시절 약한 부분을 송곳으로 찌르거나 들추어내는 덜 익은 된장 맛 나는 친구가 더러 있었다 지나치게 기대할 것도 못 되지만 미리부터 실망의 다리를 건널 필요는 없다 저녁노을이 곱게 물든 이 계절에 '우리는 이제 시간이 얼마 없다'고 살포시 다가오는 사려 깊은 친구가 생겨 손 내밀면 귀히 맞으며 아름다운 거리를 두고 은근한 장맛 나는 마지막 계절을 걸으리라.

가슴속 빈자리에 겨자씨 한 알 심으니
해마다 싹트고 자라서
사랑과 용서의 열매 맺고

-「동해 바다」 중에서

3부
**여름휴가**

## 목련

나이테 늘어 갈수록
은근한 우아함 지닌 목련꽃
뜨거운 열정 품었기에
일순간 참혹할 만큼
누렇게 엉긴 머리째로 눕고야 마네

연이어 아기 손바닥만 한
고운 연둣빛 잎사귀로 단장하고
한여름 태양 마주하며
싱그럽게 지경 넓히며

"이대로 가는 거야"

열기가 식어가는 가을 햇살
갈색으로 한 잎 두 잎 번지더니
갈 길 알아차렸나 보다

너와 내가 돌아갈 곳은 한 곳
불꽃 속으로 뛰어드는 길이 아닌

영원한 생명 얻는 길을 향하여
소리 없이 차례로 눕는다.

## 아버지 허리띠

  혼자 있는 날 TV 받침대 역할 하는 서랍장 열어본다 마지막 셋째 칸 밤색 가죽 허리띠 투명 비닐 주머니에 도넛 모양으로 자리 잡고 있다 아버지 허리둘레 40인치 넘으시니 국내산 허리띠로는 감당 안 되었다 회갑 선물로 미국 사는 큰언니가 흔들의자와 허리띠 보내왔었다 날씬한 장정 두 사람 들어가도 될 만한 길이 ㄷ자 고리의 단순한 장식 겉면 소가죽은 튼실하고 안쪽은 연한 살색이다 노년에는 흔들의자에 앉으셔서 낮잠 주무시고 TV 시청하시면서 자주 허리띠 두르시곤 하셨다 뱃살 빠지면 길이 조절하시고 구멍 뚫으시겠다던 아버지 이제는 나에게 유품으로 남겨졌다 새끼손가락 휘어진 오동통한 아버지의 손 빼어 닮은 손으로 허리띠 매어본다 한 바퀴 돌고 두 바퀴는 모자란다 든든하다 온기가 전해진다 아버지 생전 나이보다 5년 더 누린 나는 이제야 세상을 좀 알 것 같다 이북서 피란 나오셔서 팔 남매 억척스레 키우신 힘 허리띠에 배어 있는 걸까 수원시 고등동 228번지 1,200평 넓고 넓은 푸른 대지 위 동화 속 궁전 같던 하얀 타일 집 오르는 개나리 언덕 중턱

쯤 곡식 가득 담긴 큼직한 항아리 아들의 태몽이었다 40대를 넘어선 아들의 허리에 맞추어 자르려 한 적도 있었지만, 아버지를 추억하며 설합 속에 간직하고 할아버지 본받은 아들도 학자의 길 걷고 있다 아버지 허리띠! 억척스러움이 배어있고 따스함으로 감싸주는 아버지 허리띠!

## 오송 지하차도

저수지 둑 무너져 내려 물밀듯 밀려 들어오는
물 폭탄 막을 길 없다

눈앞 절망을 숨죽이며 홀로 지켜보아야 했던 아버지

더 이상 고통의 순간 나누고 싶지 않아 입 다문 채 속울음 울었다

저수지 바닥 모래 퍼내어 물그릇 키우고
둑의 키 높였다면

마지막 의식의 순간까지
지상에서의 이별 거부했던 처절한 몸부림의 흔적 없었을 것을

### 오월의 충현 박물관

이른 더위 밀려와
모란은 뜨락에 향기 남긴 채
잎사귀만 싱그럽다

충현 박물관 계단 위
작약 나무 한 그루
탐스러운 보랏빛 꽃송이 가득 피워
모란으로 반긴다

조선시대 청백리 재상 오리 이원익
시대를 거슬러 삶의 귀감 되신 분
곳곳에 그의 자취 배어 있다

화창한 오월의 오후
선후배 시인들 숙연한 시 낭송
팝페라 가수 노래 소리 가슴 울리고
감미로운 아코디언 연주에 봄날 빛나네

고택故宅은 오랜만에 잠에서 깨어나
오월을 함께 누리고 있다.

## 여름휴가 1

아침 바다는 단잠에서 깨어난 아기 모습이다
모래사장은 비치파라솔로 마을 이루고
은빛 파도가 꿈을 싣고 달려온다
재충전의 긴 호흡이다
남은 시간의 소중함이 가슴 시리게 스며들고
지나간 세월의 긴 한숨은 파도에 실어 보낸다

부산역 근처 초량은 기억엔 없지만
귀로 쟁생하게 들었던 피난지
택시 속에서 지나쳐 본 언덕 위 판자촌은
초라하지 않았다
테헤란로를 옮겨 놓은 듯했다
피란 시절 먹었다던 초량 밀면 식당 앞에서
여행객들과 줄지어 순서 기다렸다
무의식의 세월 눈에 담았다.

## 여름휴가 2

연일 폭염에 시달리다 바닷바람 찾아 떠났다
팔순 넘긴 할아버지와 팔순 바라보는 할머니의 여름휴가
앞으로 5년은 보장되겠지
부지런히 달려와서는 백사장 앞에서
사그라지는 파도 같은 인생이다
바다를 바라보며 오늘은 아이스 라테를 마셨다
삶의 뒤안길에서 서로에게 따뜻한 시선을 보낸다
모난 돌이 부딪혀 둥근 돌 되어가는 50년 함께한 세월
해변은 저녁 산책 인파로 붐빈다
퇴근길 광화문 네거리 같다
해운대 야경은 홍콩을 방불케 하고
파도 소리에 시름을 실어 보내니 후련하다.

## 여름휴가 3

살고 있는 이곳은
실버타운 부럽지 않은
생애 마지막 안식처

매일이 휴가인데
여행이 필요 없다고 하던
그가 마음을 열었다

팔순 넘긴 나이에
8월의 폭염 아랑곳하지 않고
해운대 앞 바다와 모래사장 떠올리며
그날을 기다린다

익숙한 곳이 마음 편하고
바다를 눈에 담을 수 있는 곳
쌓인 피로 씻어내는 휴가

잠시 떠났다 돌아와 보면
이곳이 얼마나 행복한 보금자리인지
새삼 알게 해 준다.

## 올가을에는

술래잡기 하느라 고무신 벗어 두고 온 전봇대
저녁 먹자 부르는 엄마 목소리
맨발인 채 집으로 뛰었지

한밤 중 개나리 언덕 오를 때면
엄마 소리쳐 부르던 겁쟁이 시절
미역 감고 고무신으로 송사리 잡던
서호 아래 실개천 흐르고 있을지

올가을 소꿉친구들과 고향 나들이
실컷 할 생각에 매일 밤 푸른 꿈 꾼다

올 연말쯤이면 집 근처에 GTX-A 노선 개통
고향 가는 시간 반으로 단축되니
나이 듦이 편안함으로 다가온다

## 신록의 6월

강 너머 산봉우리
겹겹이 이어져 띠 두르고

에메랄드빛 하늘에
은백색 뭉게구름 곱게 자리하고
첫여름 성큼 다가온다

청록색 나무들로 둘러싸인 숲속
폭포 소리 내 젊은 시절 아쉬워하는 듯
서글프게 귓가 맴돌고
푸름 속에서 기억 떠올린다

돌 언저리 들꽃들 훈풍에 춤추며
향수보다 은근한 향기 날려 보낸다
지나간 시간들 곱게 펼쳐본다

무섬증 돋게 했던 개나리 언덕 밤길
도벨의 우렁차게 짖는 소리
풀밭에 매어 논 염소 울음소리

외할머니와 텃밭 가꾸던 추억

지나간 날들 그리워
소리쳐 불러보고 싶은 이름들

여름의 길목 6월에
청록빛 무성한 숲속에서
생기를 되찾는다.

### 동해 바다

오십 대 초반쯤
가슴에 엉킨 실타래
감포 앞바다 문무왕 수중水中 돌무덤 보며
잉크 빛보다 짙은 물 위에
풀어 놓았다

가슴속 빈자리에 겨자씨 한 알 심으니
해마다 싹트고 자라서
사랑과 용서의 열매 맺고
이십여 년 반복된 역사로 거듭났다

올겨울 칠순의 중턱에서
강릉 앞바다를 눈이 시리도록 담았다
오죽헌에서 오백여 년 전 신사임당의 큰 발자취가
바닷바람과 함께 가슴을 흔들었다

율곡과 마주한 모자母子상 앞에서
마음으로 큰절 올린다

동해東海는 에메랄드빛으로
사랑과 평안을 노래한다.

# 단풍

기다리던 가을
10월이 저물 때쯤이면
나무들은 가장 고운 옷으로 치장한다

가슴속에 품은 한 사람 반기려
여름내 뜨거운 열정으로 지은 붉은 드레스
태양보다 더 눈부시다

저토록 영롱한 빛깔로
단아한 모습 드러내며
그리운 임 재회할 날을
양지바른 담벼락 곁에서
졸지도 않고 기다린다.

## 무의도의 가을맞이

　뜨거웠던 팔월의 끝자락 바다 보기 하루 여행 시를 품고 사는 시우詩友들과 함께라서 즐거웠다 우산보다 모자로 가랑비 가리며 여름을 작별하러 왔다 조업 멈춘 나룻배 선착장에서 비 걷히기 기다리고, 갯벌엔 갈매기 가족 배추밭처럼 옹기종기 모여 있다 바다 맞은편 무의도 조국 지키려는 일편단심 펴 보지도 못한 채 꿈을 접은 젊은 영혼들 육신 머물렀던 곳 오늘 가랑비 맞으며 그때를 가슴 메이게 기억한다 바닷길 걸으며 열기 내려놓은 가을바람 이곳에서 맞이한다 올 가을바람은 무의도에 먼저 찾아왔나 보다.

## 몽블랑 만년필

항垣! 네가 우리 곁 떠난 지 2년 훌쩍 지나고 네가 마지막 준 선물 잠시 잊고 지냈는데 오늘 친구가 QT 모임*에서 몽블랑 만년필 속 스프링을 떨어트리고 애타게 찾다가 발견하고는 감사의 눈물 글썽거렸다는 이야기를 듣고 애리조나 너희 집 방문했을 때 받은 선물 생각나 케이스 열어 보니 너의 따뜻한 온기 느껴졌단다 이제는 받을 수 없는 귀한 선물이라 더욱 쓰고 싶지 않았지 언젠가 신세 진 분이 계셔 선물하려던 것조차 네게 미안한 마음 들었단다 너도 아끼다가 오랜만에 만난 글 쓰는 누나에게 준 값비싼 만년필인데, 잉크가 바닥 보이면 이삼만 원 주면 갈 수 있다는 것도 어제 알았다 너와의 추억을 수필 한 편으로 남겼는데 3주기를 맞는 올 연말에는 너에게 시집 한 권 선물하고 싶다 아껴왔던 몽블랑 만년필로 네 온기 느끼며 부지런히 쓰고 있다.

---

* QT 모임 : Quiet Time의 약자. '생명의 삶' 성경 공부 모임.

## 헤어컷

백발은 노인의 면류관
가슴속 깊이 되새기며
반백의 머리 짧게 자른다

헤어 디자이너 손 거치면
흰색 브리지 한 것처럼 마음도 밝아진다

노년의 삶 윤활제라는 소유욕과 명예욕의 격랑
방파제 세워 한계 긋기로 하고

진실된 내면의 소리 메아리 되어 멀어지면
돌아서서 그분의 길 따르고

마음속 헤어컷
반백의 연륜 때론 아름답다.

# 바다

나이를 잠시 잊고
물살을 가르며 달리는
요트에 오른다

구명조끼에 안전을 맡기고
광활한 바다를 마주 대하며
지나온 시간들을 돌아본다

고운 기억들만 마음에 품고
인색한 말들로 엉킨 실타래는
바닷물 속에 풀어 놓는다

거대한 물결에 휩쓸려
검푸르게 소용돌이치다가
푸르른 물색으로 돌아오는 숨결

바다는 어머니의 품이다.

모가 난 조약돌이 둥근 돌 되기까지
말씀과 기도의 물결에 닦이어
일평생을 거듭나야 함을

-「소중한 시간들」 중에서

4부

**남겨진
시간**

# 가시

따끔한 통증이다
목에 걸린 생선 가시 때문이다
밥 한술 꿀꺽 삼키면
이내 시원해지는데

말속의 가시는 방부제를 발랐는지
오래도록 상처로 남겨진다

세월 속에 내려놓고
아물기를 기다린다.

# 8월

지난해 이맘때 이어지는 폭염 속
호수공원 장미정원에 더디게 피어난
붉은 장미 두 송이
눈에만 담아두기 아쉬워
아크릴 물감으로 그리기에 몰두하니
내가 장미 되어 아침이슬 품었다

이번 8월에도 열대야로 잠 못 드는 밤
엉킨 실타래로 남아있는 가슴속 매듭들
열린 기도의 문 들어가
한 가닥씩 풀어내어
멀리 잉크 빛 동해로 띄워 보내니
빈자리 시원함으로 채워진다.

## 가을의 기도

긴 세월 이어온 인연의 끈
고난의 늪에서 생수 솟아오르며
기억의 저장고에 고운 낱말들로 골라 채우고
삶의 종착지로 향하며 가면 벗어 버린다

가슴 설레는 마음으로 만나
말씀과 기도로 위로받았고
그분과 더욱 가까워져서
묵상의 소중한 시간이 일상이 되었다

시간이 흐를수록
본래의 의미가 퇴색되어 가고
잔치 끝난 연회장처럼 황량해졌다
갈증 달래줄 생수가 부족함이었다

끈끈한 인연의 줄 내려놓고 싶어
맞지 않는 옷 가지런히 벗어놓고
훌훌 털고 자리 비우리라 생각하곤 했었다

말해야 할 때 침묵하고 하지 말아야 할 말들로
힘겹게 물레방아 돌아가는 소리 들린다

이 가을에는 모두의 가슴에서 따뜻한 생수가 넘쳐 나와
사랑으로 충만한 물레방아 소리 듣기를 기도한다.

## 가을의 문턱에서

 새벽녘 밀려오는 시원한 바람 한여름 동안 지구를 온통 달군 열기 어느새 입추의 바람으로 가슴속까지 서늘하다 한기가 든다 유난히 온열 환자가 증가했던 폭염 영역이 줄어들고 지난겨울 한파 속에서 꽃망울 품은 장미는 봄의 온기로 꽃잎 차곡차곡 품더니 우아한 장미꽃으로 화사하게 얼굴 내밀고 있다 태양의 열기를 받으며 자태를 드러낸 장미 꽃송이 초가을을 풍요롭게 한다 이 장미 한 송이 품고 인생의 가을을 누릴 수 있다면 좋겠다 가슴속 장미는 더 이상 만개하지도 시들지도 않은 채 은은한 향기로 인생의 가을 문턱부터 오래도록 간직하고 싶은 바람이다.

### 가을이 오는 소리

여름 장미는 열기를 다독이며
탐스럽게 피어올라 태양을 숨죽이게 한다
맞아 주어야 할 눈길은
더위에 지쳐 무관심의 늪에 빠져있다

붉은 장미 한 송이 품고 여름을 보내며
침묵의 날들 빛이 바래면
이대로 가는 것이 아닌 없었던 일들로
깔끔하게 매듭지어야만 한다

알지 못한 곳에서
바람 한 점 날아와 날개를 달고
더 멀리 날아갈 채비 한다
한소끔 바람결에 장미 꽃향기 묻혀 나온다.

# 만남

기다리던 그날

진홍빛 철쭉 입 다물자
백설 같은 철쭉 활짝 미소 짓네
종일 비가 온다는 예보 빗나간
화려한 4월의 마지막 월요일

호수공원 산책도 미룬 채
커피잔 마주하고 추억의 꽃동산 꾸미고
다리 성할 때 자주 보자며
6월 양재 숲에서 만남 가꾸기로 하고

카톡 방은 대화의 창구
아침 기도문으로 마음 문 열고
꽃 편지로 오고 간 긴 시간들

유년의 모습
서호* 아래 실개천에서 멱 감던 그 시절
칠순 고개 넘어서도 어른거리고

석양 등에 지고서야 돌아갔던 발걸음

돌아가는 길 자유로 붐빌 것 염려해
아쉬움으로 잡은 손 놓는다.

---
\* 서호 : 수원 서둔동에 위치한 작은 호수.

# 금전수 金錢樹 화분

새해 첫날 실내 화분에 영양제 섞인 물을 주며 가장 듬직하게 자란 금전수에 시선이 갔다. 15년 전 회갑 기념으로 낸 수필집 "늦은 비" 출판 기념회 날 축하 선물로 받은 하얀 도자기에 진한 초록색 사철나무 같은 화초. 4년 전 금전수란 확실한 이름을 신축 아파트에 입주하면서 알게 되었다. 상가마다 '부자되세요' 핑크색 리본이 달린 금전수가 윤기를 머금고 반겼다. 꽃말이 부귀와 번영이라고 하니 기분 좋게 이해가 된다. 이사 도중 화분이 깨져 비닐봉지에 담겨 베란다 구석에 겨우 자리를 차지했었다. 큼직한 녹색 새 화분에 옮겨져 거실에 제자리 잡으니 생명 있는 장식품이다. 쾌적한 환경 덕에 두 개의 금전수 화분을 분가시키고 잔가지는 키 작은 예쁜 화분에서 오순도순 사랑을 전한다 실내 공기 청정 역할 하느라 힘이 드는지, 땀이 밴 듯 잎은 촉촉하게 윤기를 머금고 집안에 활기를 채워 준다. 모든 것이 합력하여 선善을 이루시게 하시는 하나님의 사랑과 은혜를 새삼 느끼며, 갑진년甲辰年 새해를 감사로 출발한다.

## 갈릴리 바다

한 차례 풍랑 지난 후
출렁이던 파도 고개 숙이고
고일 틈 없이 흘려보내는
나눔의 물줄기로
바다는 속살 드러내
생명의 움직임
거울 들여다보듯 하다
기다림의 때를 만난 어부들
그물 터지도록 낚는다
나사렛 마을 그분
바닷가 거닐며
아버지 뜻 헤아린다
만선의 기쁨보다
사람 낚는 어부 되게 하라는
소명 받들어 발걸음 옮긴다
갈릴리 바다는 성령의 단비 내리고
베드로의 순종 시작으로
어구를 뒤로하고 그분 따른다.

## 2022년 나들이

2022년을 돌아보니
긴장과 보람의 연속
기도로 준비하고 가슴 여니
훈훈한 화답 돌아오네

코로나 팬데믹 대면對面 가로막아
마스크 쓴 채
눈길로 그리움 전하네
나들이 소식에 마음 문 열리고

'서울 숲'은 칠순 소녀들 맞으려
튤립 꽃들 곱게 단장한 채 봄 나들이객 기다리고
단풍과 어우러진 '비원' 뜰은 가을 나들이객 반긴다
배낭 멘 소녀들 연륜 잊는다.

## 춘천 문학기행

소양강가 나룻배 한 척 오수 즐기고
수면엔 하늘 하얀 얼굴로 떠 있네
산자락은 뭉게구름 몰려와 쉬고 있다

강 건너 언덕 위 목자와 양 떼
눈물의 기도로 지어진 성전
노아의 방주 같은 춘천 안디옥교회
은퇴 목자실 시화詩畫벽면 띠 두르고
6층 공간 사랑으로 가득하다

소양강 벗 삼아 짧은 생 누렸던
김유정 생가 터엔
고단했던 삶의 흔적 묻어나고
병마와 싸우며 일구어낸 빼곡한 작품 연혁
가슴 메이게 한다

6월의 마지막 주말
강물에 쌓인 시름 흘려보내고
텅 빈 가슴 그분 사랑으로 채우련다.

### 새 시대의 빛으로

새벽이슬 맺힌
청아한 장미 한 그루
머잖아 다움동산엔
아름다운 장미꽃 만발하리

지난 한 해
사명감으로 뜻 모은 동역자
야베스처럼 깊이 기도하며
땀 흘려 일군 다움동산

이웃의 상처 보듬고
꿈 실어 북돋아 주는 일
작은 자들도 살 만한 세상 이루는 일
새 시대 소명이 다움을 부르신다

북녘의 막힌 담 헐리고
통일 이루길 기도하는 일
상처뿐인 그들 위해

치유와 회복의 사명 감당하게
우리를 준비시키고 계신다

다움이 독수리처럼 비상하기 위해
당신께 받은 은혜 돌려 드리는
나실인 되길 기도드리며
부르신 사명에 충성할 때
부족함 채워 주시는 분이심을 알기에

은근한 장미 꽃향기 가득한
다움동산 되기 위해
배움과 깨달음에 열심을 내어
당신을 기쁘게 하는 일하게 하소서
새 시대의 빛 되게 하소서

-다움상담코칭센터 창립 1주년 축시

## 계묘癸卯년을 보내며

주변의 소용돌이 속에서도
받는 은혜에 감사하며
2023년과 작별할 시간이다

말구유에 누우셨던 겨자씨 한 알 같으신 분
세상을 이기신 "밭에 감춰진 보화"
그분 닮아 가려고 두 손 모은다

우크라이나 러시아의 고래 새우 싸움
어린 생명과 노약자들의 희생
끝날 줄 모르는 파괴는 언제까지 이어질 것인가
이스라엘과 팔레스타인의 무모한 전쟁
난민은 늘어만 가는데 하나님의 뜻은 어디 계신가

한반도의 냉전 속에 북한의 무모한 도전의 빈발
해결의 방법 보이질 않아 하늘을 향해 머리 숙인다
이 땅의 정치가들은 당쟁으로 영역 싸움 일삼고
선과 악의 구별이 모호한 시대를 살고 있다

세계 평화를 회복할 능력 있는 지도자가 미국 땅에 세워지고
이 나라에도 나라와 민족을 진정으로 사랑하는
지혜로운 지도자가 선출되기를

이 사회는 물질만능주의와 출세 지향 주의가 곳곳에 만연하여
어제의 이웃과 친구에게 등을 돌리고
질서를 헌신짝처럼 버리는 세태로 변모되어 가고 있음을

그래도 이름도 밝히지 않은 독지가들이
어려운 이웃들을 위하여 아름다운 기부를 하고
평생 모은 재산을 장학기금으로 출현하는 거룩한 손길들

새해에는 황폐해진 인성 회복되어 마음 밭에 감춰진 겨자씨가
튼실히 자라
이웃과 사회에 그늘 되기를 두 손 모은다.

## 새 시대의 등대로

어두운 이 땅에
부르심 받은 한 청년
사도바울처럼 한국 땅을 밟았다

127년 전 9월 27일
청년 언더우드 처음으로
새문안교회 문을 열었다

새문안 담장 옆 백목련
해마다 순백의 꽃망울 더하듯
어머니의 사랑 많은 열매 맺었다

북녘땅을 향한 우리들의 오랜 간구
그들의 숨죽인 기도와 하나 되어
통일을 앞당겨 주실 것을 소원한다

우리에게 야베스처럼
기도하기를 원하신 주님

새문안의 지경을 넓혀 주셨다

새 성전 위해 드리는 기도의 손길
옥합을 깨뜨리는 거룩한 낭비 되어
부요함은 소유 아닌 포기임을 알게 하셨다

주님은 새문안교회가
새 시대의 등대 되고
우리 모두는 길 잃은 영혼들의
등대지기 되라 하신다.

- 새문안교회 127주년 축시 새문안지

### 로뎀나무 그늘

청아한 로뎀나무 한 그루
새문안 길에 우뚝 서면
도심의 지친 영혼들
줄지어 나무 그늘에 눕는다

사막 같은 세상 속
모래알처럼 흩어진 무관심 속
어머니 품에 안겨보지 못한
상처투성이 영혼들이 쉼을 얻고 일어나
영의 양식 배불리 먹는다

로뎀나무 아래서
부드럽지만 강한 손으로
어루만져 주시는 그분 만나
처진 어깨 메고 왔다가 슬며시 내려놓고
푸른 날개 달고 나선다

이제 우리 모두는 함께

이웃의 상처 보듬고
꿈 실어 북돋아 주는 일
작은 자도 살 만한 세상 이루는 일
새 시대의 소명 품고
힘찬 날갯짓 하자

북녘의 막힌 담 헐리고
통일 이루길 기도하는 일
기다림에 지친 그들 위해
치유와 회복의 사명 감당키 위해
독수리처럼 비상하자

그분께 받은 은혜 돌려 드리는
나실인 되고자
부르신 소명에 충성할 때
부족함 채워주시는 분이심을 알기에
당신을 기쁘게 하는 일 하게 하소서.

- 이 달의 시 (새문안 한마당)

## 소중한 시간들

목마른 양 떼들이 연륜을 잊고
말씀의 늪에서 마냥 풍요로웠던 시간들
삶의 풀리지 않는 막막한 문제들을
품고 왔다가
눈 녹듯 말끔한 해답을 얻고 갔던
소중한 시간들의 연속

모가 난 조약돌이 둥근 돌 되기까지
말씀과 기도의 물결에 닦이어
일평생을 거듭나야 함을
깨우쳤던 소중한 시간들

용서받은 죄인임을 알게 하사
이웃을 포용할 수 있는
마음의 문을 열게 하시어
상처받은 시린 가슴에
하나님 나라를 회복시켜 준
소중한 시간들

온전하신 분은
오직 하나님 한 분뿐이심을 알게 하사
십자가의 사랑과 용서로
서로를 위하여 기도할 때
무거운 돌문이 이미 열려 있음을
보여 주신 소중한 시간들

말씀 안에서
함께 자리함이
이후에는 이후에는
진실 된 믿음으로 열매 맺어져
어느 곳에 있던지
기도의 고리로
길게, 길게
이어질 것을
소원 드립니다.

## 남겨진 시간

그분의 크심을 알아 갈수록
나의 작음을 알게 하시고

그분의 무조건적 사랑을 받고서야
용서를 배우게 되었고

그분의 좁은 길 걸으셨음을 깨닫고 나서야
그 길 향하여 발걸음 옮겨본다

그분을 따르라는 음성 듣고서도
이리저리 헤매다가
이제야 나에게 주신
선물임을 알게 되었다.

눈물의 언덕 넘어
평안의 초원 이르러

가슴 열어 미움 퍼내고
사랑으로 가득 채우리

-「부르시는 날」중에서

5부

**그래도
감사**

## 외할머니
- 감사 1

가신 지 60여 년 만에 흰 모시 한복 입으시고
방문 앞에 서 계신 외할머니를 단번에 알아보았다
말문도 열기 전에 연기처럼 사라지셨다

여운은 길어서 한 달 가까이
추억의 동산 헤매고 있는 중이다
텃밭에서 갓 따온 옥수수와 토마토
할머니의 사랑의 손맛 아직껏 코끝 스친다

노란 곱슬머리 사무엘이 성경책에
잉크 방울 남긴 할머니의 꿈 이야기
옛날이야기로만 들었던 어린 시절
그분의 음성 체험한 후
40살을 넘어서야 받아들여졌다

할머니 만날 날이 가까웠음을 알려주시고
세상과 너무 친해질까 봐 보이신 것 같다
그곳에서 항상 기도해 주셨을 것이다

저 멀리 뵈는 시온성 향해
'주를 따르라'는 음성에 순종하며
부르시는 날까지 감사하며 살리라.

# 고향 생각
-감사 2

멀지도 가깝지도 않은 곳에 고향이 있어 든든하다
마음만 먹으면 언제고 갈 수 있었는데
오랫동안 마음속으로만 그리워하고 있었다

소꿉친구들과 철길 따라 공기 돌 주우며 서호에 갔던 추억
고무신으로 송사리 잡던 즐거운 기억들
나이 드니 철부지 시절을 공유한 친구들이 생각난다

유년의 시간으로 돌아가는 귀성열차 타고
도심 속 쌓였던 매연 걷어낸다
고향은
시간의 오랜 단절도 자연스레 이어준다

수원역 지나 서호 가는 길목에
주일학교 다녔던 농천교회도 가볼 것이다
어렵던 시절 아버지의 헌신이 떠오른다
어머니의 오르간 반주 소리
외할머니의 기도 소리가 귓가에 맴돈다

믿음을 유산으로 주신 부모님께 감사드린다.

# 침묵의 시간
- 감사 3

침묵의 시간은 기다림의 시간이다
기도하라고 무한한 시간 주신 것에
감사하라는 뜻 담겨있다
나에게 자유 주시려는
그분의 큰 은혜 담겨있다
침묵의 시간을 귀하고 알차게
사용하라는 명령이시다.

## 바라보다
- 감사 4

무더위 속에서 계절 잊고 피어난
하얀 나무 울타리 위 붉은 장미꽃들
소나기 한차례 지나가니
아침 이슬 머금은 듯 더함 없는 아름다움으로
오가는 이들의 눈길 끈다

오아시스 만난 듯 발걸음 멈춘다
더위 이기려고 준비된 고운 모습 숨기고
잎사귀 그늘 삼아 웃고 있는 단아한 장미

멀리서 함께 바라보는 것이
식탁 위에서 나 홀로 보는 즐거움보다
더 오래 볼 수 있고 깊은 향기 누릴 수 있다

8월의 폭염을 오가는 길에
너를 바라보며 이길 수 있어 감사하다.

## 소명
### - 감사 5

그분의 크심을 알아 갈수록
나의 작음을 알게 하시고

그분의 무조건적 사랑을 받고서야
용서를 배우게 되었고

그분의 좁은 길 걸으셨음을 깨닫고 나서야
그 길 향하여 발걸음 옮긴다

그분을 따르라는 음성 듣고서도

이리저리 헤매다가
이제야 나에게 주신
소명임을 알게 되었다.

# 그래도 감사 1
- 감사 6

끈질긴 기도 끝자락에
나의 업적까지 고하며
그분의 응답 기다렸던 기도 제목
원망과 어리광 섞인 투정
그래도 그분은 열어 주시지 않는다
지금은 때가 아니라는 깨달음
거절에도 감사하라는 찬송 절로 나오며
가슴에 시온의 대로가 열리는 듯
그래도 감사함이 스며든다.

## 그래도 감사 2
### - 감사 7

밤하늘 무수히 많은 별들 가운데
한참 만에 북두칠성이 보인다
근처 유난히 빛난 큰 별은
코로나로 부르심 받은 항성恒星

네가 영원히 머물러 있는 곳
우리 모두 부르심 받는 날
네 곁에 머무를 시간 오면

이 땅의 어두운 밤 지나고
광명한 새날 올 것을 믿으며
감사하며 삶을 이어가리.

# 인도자
- 감사 8

매 순간마다 함께하시는 분
호젓한 길 홀로 걸을 때
그분 음성 또렷이 들린다
은은하지만 힘찬 목소리로
'나를 따르라' 부르신다
돌아오는 길 질흙 같은 캄캄한 어둠
별들조차 잠들었는지
사방이 가늠조차 안 되는 막막함
한 발자국도 뗄 수 없는 벼랑 끝
갑자기 천둥번개 번쩍이며 지나간다
시야 확인된 만큼 전진한다
이러기를 몇 차례
가슴 졸이며
끝내 안식처에 도착
그분은 천둥번개까지도 조정하시여
갈 길 인도하시는 분이심을
알게 해주시니 무한 감사하다.

## 긴 고난의 터널
-감사.9

비바람 거세지더니 폭풍우 되고
둑이 무너졌다
홀로 메꿔보려고 매달렸다

생각지도 않은 곳에서 주저앉을 일 생기고
나의 부주의 탓하며 부딪혀 보았다

어둠의 긴 터널 끝이 보이지 않았고
항상 내 곁에서 손잡아 주셨던 그분

고난 중에도 외면한 적 없는
겨자씨보다 작은 믿음과 눈물의 기도
터널 통과시켜 주셨다

빛 가운데서 살게 해 주시고
은혜의 단비 맞으며
십자가의 길 감사하며 걷는다.

# 기도의 끝이 보인다
- 감사 10

말문이 열리지 않아 답답할 때면
그분 옷자락 붙잡았다
베네스다 연못가의 걷지 못하는 사람처럼

영원히 내게 주어진 기도 제목
매달리다 손에 힘 빠져
한참 동안 놓아버린 적 있었다

지쳐 포기했을 때
쉬지 않으시고 사랑의 역사하신 것
엊그제 알게 해 주셨다

농담 섞어가며 오랜 시간 인터뷰하는 그의 모습
내게는 눈물이었고 감사였음을

## 선물
### - 감사 11

당신은 기억하고 계셨군요
예기치 않은 좋은 일
생각지도 못했는데

40여 년 전 그날
경대 위 전보 한 장 우연히 보고
아쉬움과 슬픔 교차 되었지만
당신이 처방한 세월의 약 장기 복용하고
잊힌 지 오랜 일 되었지요

최근 몇 년 전
생각지 못할 기쁘고 감사할 일 생겼지요
당신은 나의 침묵 속 상실감 기억하시고
그때보다 더 좋은 것으로 선물 주셨군요.

## 고백
- 감사 12

하나님 나라 위해 새문안교회 위해
헌신한 일도 미미한데
만 70세 되어 공로권사 직분 받으니
부끄럽고 감사하다

젊은 시절 포항제일교회에서
집사 시절 권찰 교육 매주 금요일
철저히 받고 구역을 섬겼다

새문안교회에 옮겨온 지 35년째
눈물과 감사로 이어진 세월
기도와 말씀으로 모난 돌이 둥근 돌로
연단되어가는 시간들의 연속

문학을 만난 기독교 문예창작반
나보다 아픈 사람들의 위로 자가 되게 해준
기독교 심리상담 공부
결혼상담부 봉사 통해 4쌍 성사시킨 보람

15년간 큐티 나눔 통해 받은 은혜
사랑의 빚 갚으려 큐티 리더로 봉사하며
주님 안에서 자유로운 시간 누리니 감사하다.

## 아직까지 지내온 길
- 감사 13

아무 준비 없이 세상과 부딪히며
상처투성이 될 때마다 보이지 않는 손길
내 곁에 존재하심 확인시켜 주신
세미하지만 확신에 찬 음성

그분 함께하심 알게 하시려고
나 같은 모난 사람들 만나게 하셨다
빗방울 바위 뚫는 시간만큼이나
더디게 둥글어져 모난 모서리 남아 있다

갈보리 언덕 십자가 고난 바라보며
험난한 눈물의 계곡 건너니
평안과 자유함의 안식처 기다리고 있었네.

## 만날 그곳
### - 감사 14

뵈올 날이 가까워져서인지
아버지 어머니가 그리워진다
부모님께 받기만 했고
해드린 건 없다는 죄송함
시간이 흐를수록
부모님 노고와 깊은 사랑에
눈시울 적신다

부르실 때까지 감사하며
그분이 기뻐하시는 삶을 살자.

## 안부
- 감사 15

무엇이 그리 바빴는지
아쉬운 나이에 우리 곁 떠난 너

애리조나 주 사막 같은 선인장 숲 지나
네가 사랑하고 헌신한 튜산 영락교회
함께 새벽 기도드리러 갔던 소중한 시간들

바쁜 일상 속 휴가까지 내어
다시는 가 볼 수 없는 곳을
가족들과 세도나 여행의 추억

두고두고 생각해 보아도 너와는
사랑의 빚진 일들뿐인데
그리운 동생 항아!
천국에서 먼저 가신 가족들과 잘 지내지?

영원한 만남 기다리고 있기에
누나는 슬픔 견디고
천국 소망 믿고 바라고 있단다.

## 부르시는 날
### - 감사 16

눈물의 언덕 넘어
평안의 초원 이르러

가슴 열어 미움 퍼내고
사랑으로 가득 채우리

그분 기뻐하시는 일들로
충만한 남은 삶 보내리

부르시는 날 감사함으로
이 세상 떠나리.

이자숙 시인의 시집 속에는
경이로운 음률로 노래하는 고요한 숲의 새소리를
내장하고 있다.

-「작품 해설」 중에서

작품 해설

**언어의
먼지를
씻어 내려고**

글 지연희

| 작품 해설 |

# 언어의 먼지를
# 씻어 내려고

지연희 (시인, 한국여성문학인회 이사장 역임)

　　　　　문학은 한 그루의 나무를 심고 튼실하게 성장시키는 과정과 다름이 없다. 온갖 폭풍과 혹한의 고통이 몰아친다 하더라도 혼신의 노력으로 최선을 다할 때 단단한 이상理想을 펼칠 수 있는 것이다. 어떤 소귀의 결실이라도 절망을 앞세우는 일은 내일을 저버리는 나약함으로 쉽게 포기하게 된다. 나무 한 그루가 땅속 깊은 뿌리로 생명의 힘을 돋아 올릴 수 있는 용기가 있을 때 기둥을 키우고 가지를 뻗어 풍성한 열매를 맺을 수 있는 것이다. 나뭇가지에 매어달린 한 알의 열매는 한 편의 詩이며 한 편의 아름다운 음악이다. 이자숙 시인의 제2 시집 속에는 경이로운 음률로 노래하는 고요한 숲의 새소리를 내장하고 있다. 깊은 신앙의 울림으로 특정된 하느님의 성실한 자녀라는 점이다.

삶의 중심이 그분의 말씀으로 시작되고 그분의 말씀으로 가늠되는 기쁨을 읽을 수 있다.

> 비가 올 줄 알았는데 눈이 내린다 내리는 둥 마는 둥 하더니 제대로 펑펑 내린다 우중충한 겨울비보다 엷게 흩날리는 눈발을 차창 안에서 바라보니 마음이 후련하다 근 한 달여 쌓였던 먼지를 털어내는 기분이다 이내 눈발은 멈추고 차창의 물기도 윈도우 브러시 몇 차례 움직임으로 깨끗하게 맑아졌다 말로 한 약속이긴 하지만 물거품처럼 지워버린 언어의 먼지들을 씻어 내려고 잠시 눈발이 시원스레 내렸나보다
> ― 시「눈」전문

창문 열면
더운 열기 밀려들고
그대를 떠나보낸 아쉬움이
축복으로 돌아온다

한파 속에서도
훈풍 속에 얼굴 내밀 꽃들을 그리며
봄의 향연을 기다렸던 시간들

올봄은 팬데믹으로 숨죽였던
나들이 행렬이 이어지고
덩달아 바깥세상 구경도 하였다

| 작품해설 |

> 그대는 기다림만큼이나
> 큰 선물 안겨주었다
> 성큼 다가온 여름을
> 넉넉히 보낼 것만 같다.
>
> — 시 「봄을 건너며」 전문

시 「눈」 내리는 날의 단상이다. 펑펑 쏟아지는 눈발보다 차창 밖에 엷게 흩날리는 눈을 내다보며 마음이 후련하다고 한다. 쌓였던 먼지를 털어내는 기분만큼 눈은 시인의 감성을 사뿐하게 상승시키고 있다. 물거품처럼 지워버린 언어의 먼지들을 씻어내려고 '눈발이 시원스레 내렸나 보다'라는 시인의 상상은 맑은 시냇물에 반짝이는 별빛 같은 시를 향한 기도이지 싶다. 어느 날 갑자기 가슴 깊은 찬란한 울림의 감성을 선물해 주듯이 예고 없이 찾아와 위로하듯 물거품처럼 지워진 언어의 먼지를 씻어내고 있다.

시 「봄을 건너며」는 긴 코로나의 병마에서 감당할 수 없었던 전 세계적인 팬데믹 폐해에서 이겨낸 사람들의 일상을 돌아보게 한다. 긴 겨울잠에서 깨어나듯 다가올 봄날의 꽃잔치를 풍미하려는 몸짓들을 그려내고 있다. 몇 년간 바깥세상이 그립던 사람들이 세상 구경을 하기 위해 행렬이 이어지고 봄날을 지나 성큼 다가올 여름의 싱그러움을 기대하는 기다림이다. '한파 속에서도/ 훈풍 속에 얼굴 내밀

꽃들을 기다리며/ 봄의 향연을 기다렸던 시간들'의 숨 막히던 정지된 시간을 감당하며 화창한 여름을 기다리는 것이다. 코로나 병마의 시간은 돌이켜보면 하루하루가 죽음의 늪에서 싸우던 나날이었음을 인식하게 한다. 꿋꿋하게 일어서 삶의 대열에 부단히 일어선 생명의 힘이 자랑스럽다.

> 50년 가까이 가꾸어 온 정원에
> 어둠 내린 빈자리 있는 걸
> 지난겨울쯤에야 알았네
>
> 한파 이긴 앙상한 가지들
> 계절 따라 옷 갈아입고
> 꽃들도 환한 미소로 맞아주네
>
> 올봄 전나무 두 그루 심어 놓으며
> 정결한 푸른 꿈으로
> 따뜻한 불씨 품으리
>
> 마음속 빈자리에도
> 은은한 사랑으로 채워야지
>
>                          - 시 「빈자리」 전문

> 원 밖으로 끌리는 마음
> 제자리로 이끌어
> 태연한 척 일상을 누린다

| 작 품 해 설 |

사순절을 보내며
겹겹이 싸매둔 보석
한 꺼풀씩 벗겨보니
그분의 완전한 사랑이었네

무채색의 모습으로
십자가를 향해 걸어간다
겪으신 고난으로 인하여
봄날도 숨죽인다

내려주신 은총 흡족함 깨달아
아침이슬 같은 순결함으로
유년의 창가로 다가가
기다림의 손을 내민다.

— 시 「품 안에서」 전문

 빛과 어둠은 생사를 가늠하는 삶과 죽음을 아우르는 의미를 지니고 있다. 시 「빈자리」는 같은 연륜의 시간을 공유하면서도 풍성한 성장의 나무들과 존재의 흔적이 사라진 빈자리의 공허를 측은지심으로 바라보는 시인의 시선이다. 시인이 주목하는 시선은 50년 가까이 가꾸어 온 정원에 어두움 내리는 허름한 빈자리의 가난을 발견하고 풍성하게 나무들을 채워주기 위한 배려이다. 텅 빈 자리에 머무는

햇빛의 은총이 시인의 마음을 우물처럼 퍼내고 있다. '올봄 전나무 두 그루 심어 놓으며/ 정결한 푸른 꿈으로/ 따뜻한 불씨 품으리// 마음속 빈자리에도/ 은은한 사랑으로 채워야지' 다짐하고 있다. 정렬貞烈한 푸른 꿈으로 내일을 깁고 있는 시인의 미래지향적 사고가 아름답다. 삶은 마음을 풍부하게 활용함으로 무엇이든 이룩할 수 있다고 한다.

이자숙 시인의 삶의 중심에는 그리스도의 성찰로부터 성립되고 있다. 일상의 매 순간마다 한결같이 그분의 은총으로 기록된다고 생각한다. 사순절을 보내며 원(세상 밖) 밖으로 끌어내는 마음을 제 자리로 이끌어 완전한 믿음 안에 앉히는 주님의 사랑이다. 안으로 안으로 머물게 하는 기도이다. '사순절을 보내며/ 겹겹이 싸매둔 보석/ 한 꺼풀씩 벗겨보니/ 그분의 완전한 사랑이었네' 무심코 어떤 일을 하다가도 내 능력으로 이루어지지 않았다는 사실을 깨달을 때가 있다. 그처럼 '무채색의 모습으로/ 십자가를 향해 걸어간다/ 겪으신 고난으로 인하여/ 봄날도 숨을 죽인다// 내려주신 은총 흡족함 깨달아/ 아침이슬 같은 순결함으로/ 유년의 창가로 다가가/ 기다림의 손을 내민'다는 시 「품 안에서」는 사순절을 맞이하며 그분의 품 안에서 거룩한 은총을 깨닫는 기쁨을 보여준다.

| 작 품 해 설 |

그리던 고향 하늘에서
어릴 적 친구들과 첫눈을 맞이했다
앞으로는 자주 만나는 행운이 오려나 보다

눈발 속에서 미령이가 걸어온다
초등학교 때 형겊 책가방 들고 다니던
걸음걸이로 눈발 속으로 다가오고 있다
나이 듦은 걷는 모습으로 알아차린다

한 상 가득 차려진 점심을 나누고
연극 무대 같은 찻집에서 커피 맛 즐기며
70년 가까이 묵은 이야기 단맛으로 버무린다

헤어져 돌아가는 길은 각자의 인생길인가
수원역에 오랜만에 들어서니 낯설기만 하다
배웅하는 이도 맞아 줄 이도 없지만 정겹다

중절모 새로 장만해 쓰신 아버지를
마중 나갔던 일이 떠오른다
초라한 역사가 환해 보였다
그날도 첫눈이 내렸다.
　　　　　　　　　　　　　－시 「첫눈 오던 날」 전문


저수지 둑 무너져 내려 물밀듯 밀려 들어오는
물 폭탄 막을 길 없다

눈앞 절망을 숨죽이며 홀로 지켜보아야 했던 아버지

더 이상 고통의 순간 나누고 싶지 않아 입 다문 채 속울음 울었다

저수지 바닥 모래 퍼내어 물그릇 키우고
둑의 키 높였다면

마지막 의식의 순간까지
지상에서의 이별 거부했던 처절한 몸부림의 흔적 없었을 것을

― 시 「오성지하차도」 전문

시 「첫눈 오던 날」은 고향의 향수를 일으키는 그리움을 쏟아내게 한다. 고향은 지울 수 없는 뿌리로부터 견고한 바탕을 소유하고 있다. 신생아가 생명의 눈을 뜨고 첫울음의 우렁찬 포효를 들려주던 생명의 원천이다. 시인의 고향은 수원이다. 경기 권역에 고향을 두고 있어 고향을 멀리 두고 있는 사람들보다는 쉽게 방문할 수 있을 것이다. 어릴 적 친구들과 마음만 먹으면 만나기 쉬운 거리이다. 그럼에도 각자의 삶의 패턴과 생활의 질서가 쉽지 않아 소통하기 어려울 수밖에 없다. 결혼을 하고 아이들 키우다 보면 대부분의 주부들은 겨를이 없는 것이 대부분이다. '눈발 속에서 미령이가 걸어온다/ 초등학교 때 헝겊 책가방 들고 다니던/ 걸음걸이로 눈발 속으로 다가오고 있다'. 오랜만에 만

| 작 품 해 설 |

나는 친구들이지만 발걸음만 보아도 알 수 있다. '한 상 가득 차려진 점심을 나누고/ 연극 무대 같은 찻집에서 커피 맛 즐기며/ 70년 가까이 묵은 이야기 단맛으로 버무린다'.

시 「오성지하차도」는 수해의 피해로 큰 절망에 휩쓸리던 아버지의 고통을 그려내고 있다. '저수지 둑 무너져 내려 물밀듯 밀려들어오는/ 물 폭탄 막을 길 없다'는 한 마디의 언어만으로도 손 쓸 수 없는 자연의 재해임을 느끼지 않을 수 없는 모양새다. 어느 날 갑자기 예기치 않은 아픔이 다가올 때 '눈앞 절망을 숨죽이며 홀로 지켜보아야 할 때' '더 이상 고통의 순간 나누고 싶지 않아 입 다문 채 속울음 울 때' '저수지 바닥 모래 퍼내어 물그릇 키우고 둑의 키 높였다면' 아버지가 마지막 의식을 놓는 그 순간까지 지상에서의 이별을 거부했던 처절한 몸부림의 흔적은 없었을 것을, 오성지하차도의 슬픔은 없었을 것이다.

> 그분의 크심을 알아 갈수록
> 나의 작음을 알게 하시고
>
> 그분의 무조건적 사랑을 받고서야
> 용서를 배우게 되었고
>
> 그분의 좁은 길 걸으셨음을 깨닫고 나서야
> 그 길 향하여 발걸음 옮긴다

그분을 따르라는 음성 듣고서도

이리저리 헤매다가
이제야 나에게 주신
소명임을 알게 되었다.
                        - 시「소명 - 감사 5」 전문


밤하늘 무수히 많은 별들 가운데
한참 만에 북두칠성이 보인다
근처 유난히 빛난 큰 별은
코로나로 부르심 받은 항성恒星

네가 영원히 머물러 있는 곳
우리 모두 부르심 받는 날
네 곁에 머무를 시간 오면

이 땅의 어두운 밤 지나고
광명한 새날 올 것을 믿으며
감사하며 삶을 이어가리
                        - 시「그래도 감사 2 - 감사 7」 전문


신앙의 믿음은 그 어떤 삶의 의미를 재단한다 하더라도 비교할 수 없는 절대적 가치를 포용하게 한다. 시「소명」은

| 작품 해설 |

하느님의 일을 하도록 하느님의 부르심을 받은 사람에게 전구하는 의무이며 감사이다. 이자숙 시인의 깊은 성찰의 신앙심은 진정으로 그분의 말씀에 따르는 절실함을 느끼게 한다. '그분의 크심을 알아 갈수록/ 나의 작음을 알게 하시고// 그분의 무조건적 사랑을 받고서야/ 용서를 배우게 되었고// 그분의 좁은 길 걸으셨음을 깨닫고 나서야/ 그 길 향하여 발걸음 옮긴'다는 그분이 주신 소명에 완결하게 순응하고 있다. 이와 같은 순응의 삶은 아름다운 기쁨이며 아름다운 행복이다.

　서로 상대 위치를 바꾸지 않고 별자리를 구성하며 스스로 빛을 밝히는 항성恒星이 밤하늘에 빛나고 있다. 북두칠성이 보이는 유난히 큰 별은 코로나로 부르심 받은 항성이다. '네가 영원히 머물러 있는 곳/ 우리 모두 부르심 받는 날/ 네 곁에 머무를 시간 오면// 이 땅의 어두운 밤 지나고/ 광한 새날 올 것을 믿으며/ 감사하며 삶을 이어가리'. 코로나 19의 무자비한 광란으로 생명을 잃은 이들을 위로하는 시인의 기도이다. 참으로 있어서는 안 될 세계적인 규모의 폐해는 살아남은 사람들에게 무엇을 남기며 살고 있는지 되새겨 보게끔 만들었다. 이 또한 하늘에 계신 그분의 깊은 의도일 것이다. 어떻게 살아야 하고 어떤 기도로 성찰해야 하는지.

따끔한 통증이다
목에 걸린 생선 가시 때문이다
밥 한술 꿀꺽 삼키면
이내 시원해지는데

말 속의 가시는 방부제를 발랐는지
오래도록 상처로 남겨진다

세월 속에 내려놓고
아물기를 기다린다.

- 시 「가시」 전문

 따끔한 통증이라고 한다. 목에 걸린 생선 가시의 견딜 수 없는 아픔이 마음의 상처를 만들고 있다. '말 속의 가시는 방부제를 발랐는지/ 오래도록 상처로 남겨진'다는 것이다. 삶의 저변에는 쓰고 아프고 달콤하고 매운 과정들이 불현듯 스며들 때가 있다. 다행스럽게 달콤한 초콜릿 같은 아름다운 의미의 삶이 찾아오기도 하지만 깊은 통증을 동반하는 아픈 상처가 밀려들 때가 있다. 시 「가시」는 오랜 상처의 아픔으로 지워지지 않는 통증을 제시하고 있다. 이는 가족 간의 불협화음일 수도 있고 주변 사람들 간의 반목일 수도 있다. 언젠가는 자연스레 아물어질 이 관계는 다시금 훌훌 털어 벗어내는 시간이 올 것이라 생각한다. 밥 한번 꿀꺽 삼키면 이내 시원해지는 그 어느 날이 기다려진다.

# 그래도 감사

이자숙 시집